글·그림 | **이윤민**
세 아이의 엄마이자 그림책을 사랑하는 작가입니다. 쓰고 그린 책으로 《꼭두와 꽃가마 타고》
《그 집에 책이 산다 – 둘둘 말까 꿰맬까 책의 역사》《우리 아기 코 잘까?》 등이 있습니다.

🌱 **우리의 소소한 행동 한 번에 지구가 아플 수도 건강할 수도 있어요.**

지구온난화가 가져온
이상한 휴가

초판 1쇄 발행 2020년 7월 20일 | 초판 4쇄 발행 2022년 8월 10일
글·그림 | 이윤민
기획·편집 | 윤경란, 안정현   디자인 | 이민영   마케팅·관리 | 이선경, 손정원   제작 | 김현권, 김병철
펴낸곳 | 미세기   펴낸이 | 박홍균   출판등록 | 1994년 7월 7일 (제21-623호)
주소 | 서울특별시 강남구 논현로 164 유니북스빌딩   전화 | 02-560-0900   팩스 | 02-560-0901
홈페이지 | www.miseghy.com   인스타그램 | miseghy_books   전자우편 | miseghy1@miseghy.com   제조국 | 대한민국
값 | 14,000원   ISBN | 978-89-8071-484-1 77810

ⓒ 이윤민, 2020

❖ 이 책의 환경 정보와 실천법은 아래의 항목들을 참고했습니다.
　서울에너지드림센터, 국가환경정보센터 KONETIC 홈페이지, 그린피스 홈페이지, 기상청 홈페이지, 기후변화홍보포털 홈페이지,
　산림탄소센터 홈페이지, 세계자원연구소 홈페이지, 어린이기후변화교실 홈페이지, 환경부 홈페이지, 뉴시스, 중앙일보

이 책은 FSC 인증을 받은 종이와
친환경 콩기름 잉크를 사용했습니다.

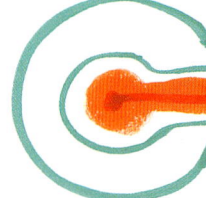

지구온난화가 가져온 이상한 휴가

이윤민 글·그림

미세기

야호! 오늘부터 엄마, 아빠의 휴가가 시작되었어요.
이날을 얼마나 기다렸는지 몰라요.
아주 멋진 여름휴가를 떠날 거거든요.

어휴, 찐다,
쪄!

그런데… 아빠가 이렇게 말하지 뭐예요.
"더울 땐 에어컨 튼 집이 최고야. 이번 휴가는 집에서 보내자."
올여름은 특별하게 보내자고 했잖아요. 이건 반칙이에요!
아빠는 정말 너무해요….

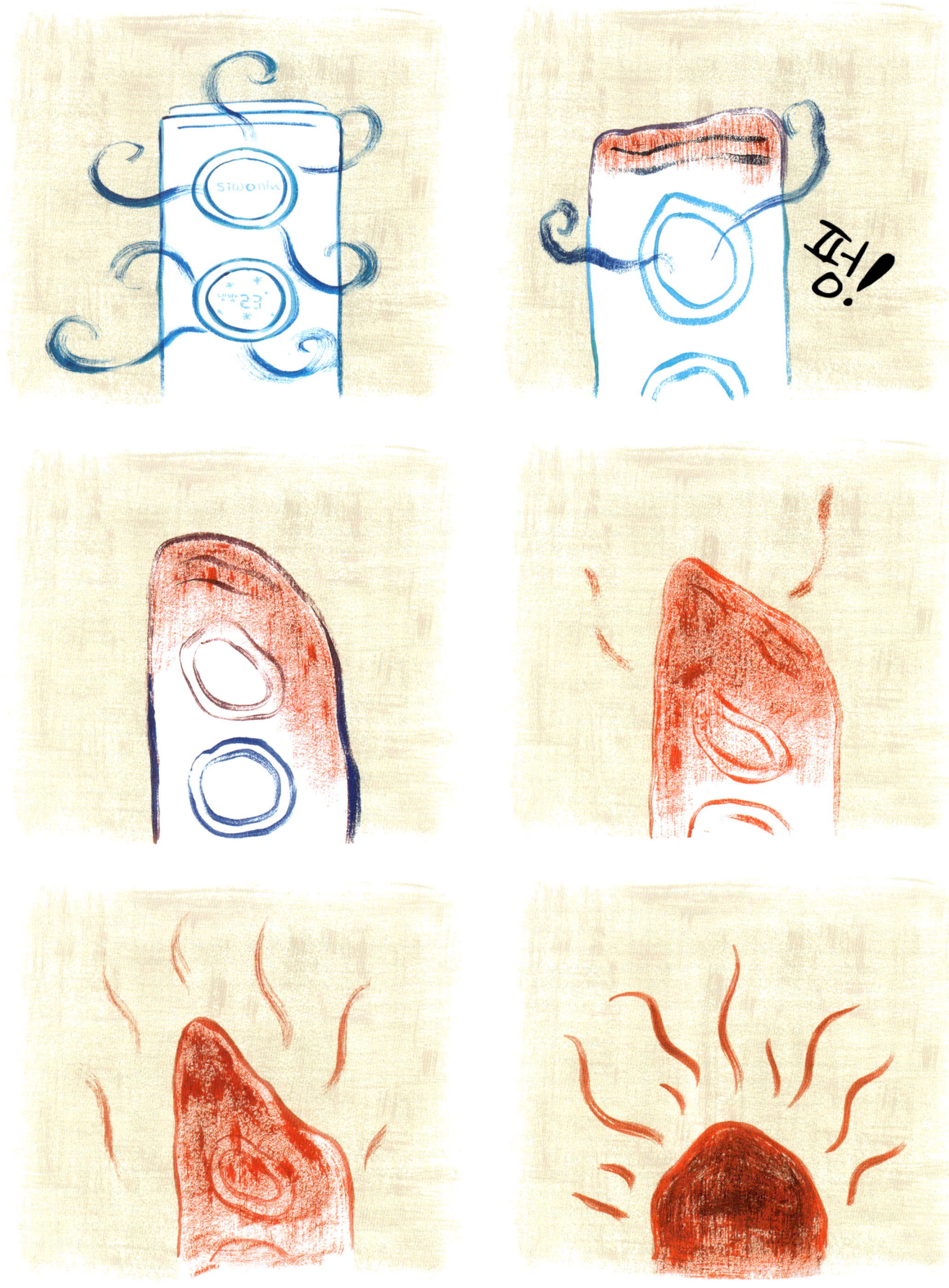

으악! 에어컨이 고장 났어요.
너무 힘들어서 기절했나 봐요.
나도 너무 더워서 기절할 것 같아요.
에어컨을 고치는 수리공 아저씨는
며칠 후에나 오실 수 있다고 아빠가 그랬어요.

앗싸! 휴가를 가기로 했어요!
고기를 잡으러 강으로 갈까요?
아니면 바다로 갈까요?
신이 나서 콧노래가 절로 나와요.

엄마, 빨리 차 문 열어 주세요!

신발을 신었는데도 바깥 거리는 너무 뜨거워요.
날씨가 정말 이상해요!
그렇다고 여름휴가를 포기할 수는 없어요.
우리 차에만 도착하면 출발할 수 있거든요.
지글거리는 바닥 따위 내가 이겨요!

조… 조금만 더…

앗, 뜨거워!
츄츄야, 조심해.

발바닥이 타들어 간다!

아빠, 또 자요? 차만 타면 주무신다니깐….
아우, 더워! 엄마, 에어컨 조금만 더 세게 틀어 주세요.
"율아, 우리 뭐라도 들을까?"
엄마가 그러면서 라디오 소리를 키웠어요.

"올여름 이상기후로 아스팔트 위에서 계란프라이가 구워지는 현상이…"

"율아, 산이야. 창문 좀 내려 보자.
풀 냄새가 참 좋거든."
와, 생각보다 바람이 시원해요.
으응? 그런데 이게 무슨 냄새지?
어디선가 똥 냄새가 나요.
아…, 아빠? 방귀 뀌었어요?

앗! 미안해요, 아빠.
냄새의 주인은 아빠가 아니라 농장의 소 떼였어요.
아빠 방귀만큼 지독한 냄새길래 아빠인 줄 알았어요….

너희, 방귀 좀 그만 뀌어! 트림도 그만하고!
엄마, 우리 계곡으로 가요. 빨리요!

아! 드디어 이상한 냄새가 안 나는 곳으로 왔어요.
그런데 여기 지난번에 왔던 그 계곡이 맞아요?
물이 왜 없어요?

아빠, 누가 여기 물을 다 마셨나 봐요….
나 물놀이 하고 싶은데…, 어떻게 해요?

그렇다고 물놀이를 포기할 수는 없어요.
우리 가족은 고민하다 바다에 가기로 했어요.
물놀이는 바다가 최고잖아요.

어? 여기로 오는 길에 벌써 저녁이 되었나 봐요?
바다가 노을에 빨갛게 물들었어요.

"와, 바다다!"
신나서 뛰어가는데 엄마가 소리쳤어요.
"안 돼! 들어가지 마!"
네? 왜요?
엄마 말씀이 바다가 빨갛게 변해서 위험하대요.
맙소사, 어떻게 온 바다인데….
물놀이를 포기해야 할까요?

그래도 이대로 물놀이를 포기할 수 없어요.
자, 조금만 더 힘을 내서 가 봐요.

이야! 저 앞에 멋진 섬이 보여요.
여기서 수영도 하고 캠프파이어도 할래요.
아빠도 감탄했어요.
"바닷물 색 좀 봐. 외국 부럽지 않네!"

그래요! 이런 게 진짜 여름휴가죠!
이제서야 내가 바라던 휴가를 보내게 되었어요.
아까 그 물고기들도 여기로 이사 오면 좋겠는데….

그런데 저…, 저건 뭐예요?

으악! 상어다! 상어가 왜 여기 있지?
이 바다에는 상어가 없다고 엄마가 그랬는데!

그보다 사람 살려! 우리 가족 좀 구해 주세요!

이렇게 집으로 돌아가야 한다니···.
이번 휴가는 너무 이상해요!
냄새나는 산이랑 바짝 마른 계곡,
새빨간 바다, 상어가 나타나는 섬···.
가는 곳마다 엉망이에요.
도대체 왜죠?
왜 이런 일이 벌어진 거예요?

아휴, 드디어 집이에요.
엄마도 아빠도 강아지 츄츄도 너무 지쳐 쓰러졌어요.
우리 가족의 여름휴가는 이렇게 끝이 나 버렸어요.
그런데… 다음 휴가도 이러면 어떻게 하죠?

그러고 가을이 된 어느 날!

으아악!
아빠,
우슨 일이에요?

 **좀 더 알아보자!**

이상기후가 뭐야?

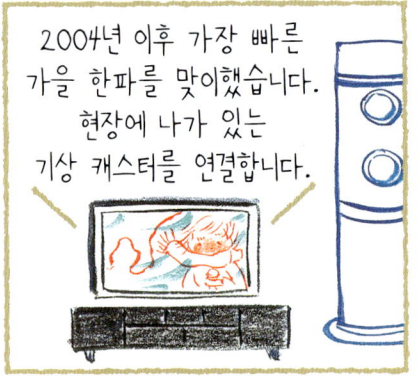

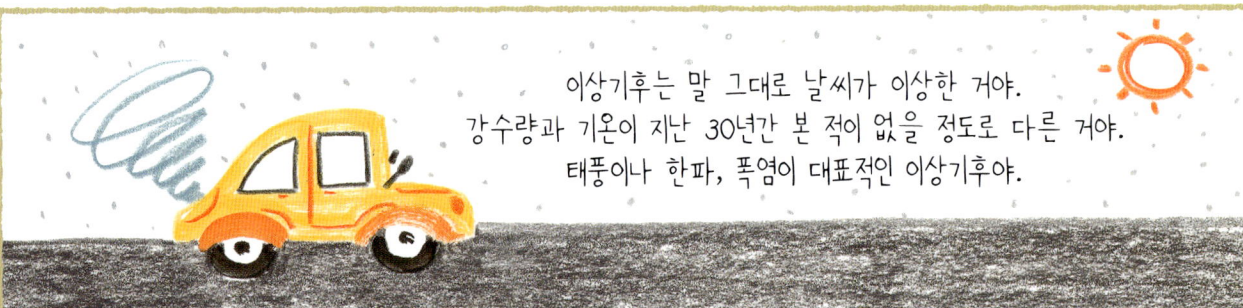

지구가 뜨거워진 걸 지구온난화라고 해.
지구온난화는 지구 전체에 문제를 일으켜!

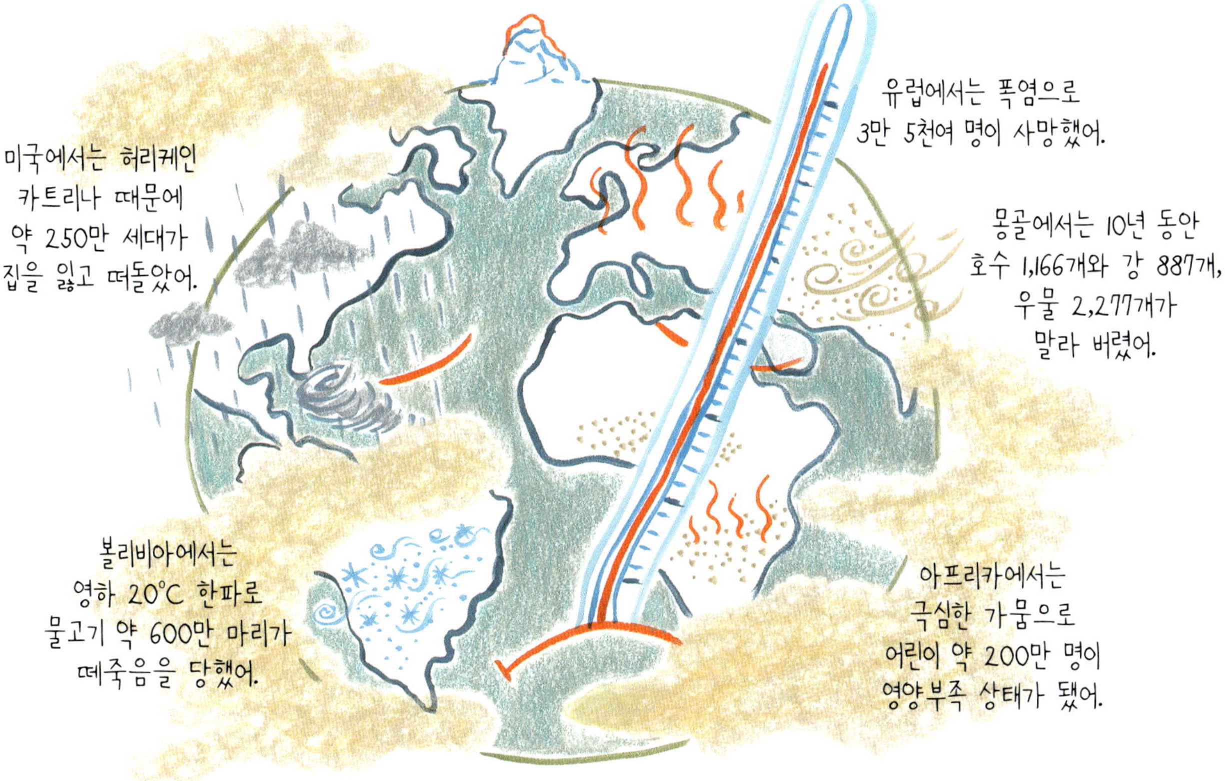

미국에서는 허리케인 카트리나 때문에 약 250만 세대가 집을 잃고 떠돌았어.

유럽에서는 폭염으로 3만 5천여 명이 사망했어.

몽골에서는 10년 동안 호수 1,166개와 강 887개, 우물 2,277개가 말라 버렸어.

볼리비아에서는 영하 20°C 한파로 물고기 약 600만 마리가 떼죽음을 당했어.

아프리카에서는 극심한 가뭄으로 어린이 약 200만 명이 영양부족 상태가 됐어.

엄청나게 큰일이잖아!
음…, 커다란 에어컨으로 지구를 식혀 주자!
지구온난화도 안 생기고 좋은 방법이지?

안 돼!

그 에어컨 때문에 지구온난화가 생긴다고!

지구온난화는 왜 생긴 거야?

지구는 항상 적당한 열을 유지해야 해.
태양에서 열을 받기도 하고, 지구의 열을 다시 우주로 보내기도 하면서 말이야.
그래서 지구 주위에는 이산화탄소, 메탄, 프레온가스 같은 온실가스가 둘러싸고 있어.
온실가스가 적당하면 괜찮은데, 너무 많아지면 지구의 열이 우주로 빠져나가지 못해.
지금은 온실가스가 너무너무 많은 상태야. 그래서 지구는 거대한 비닐하우스처럼 되어 버렸어!

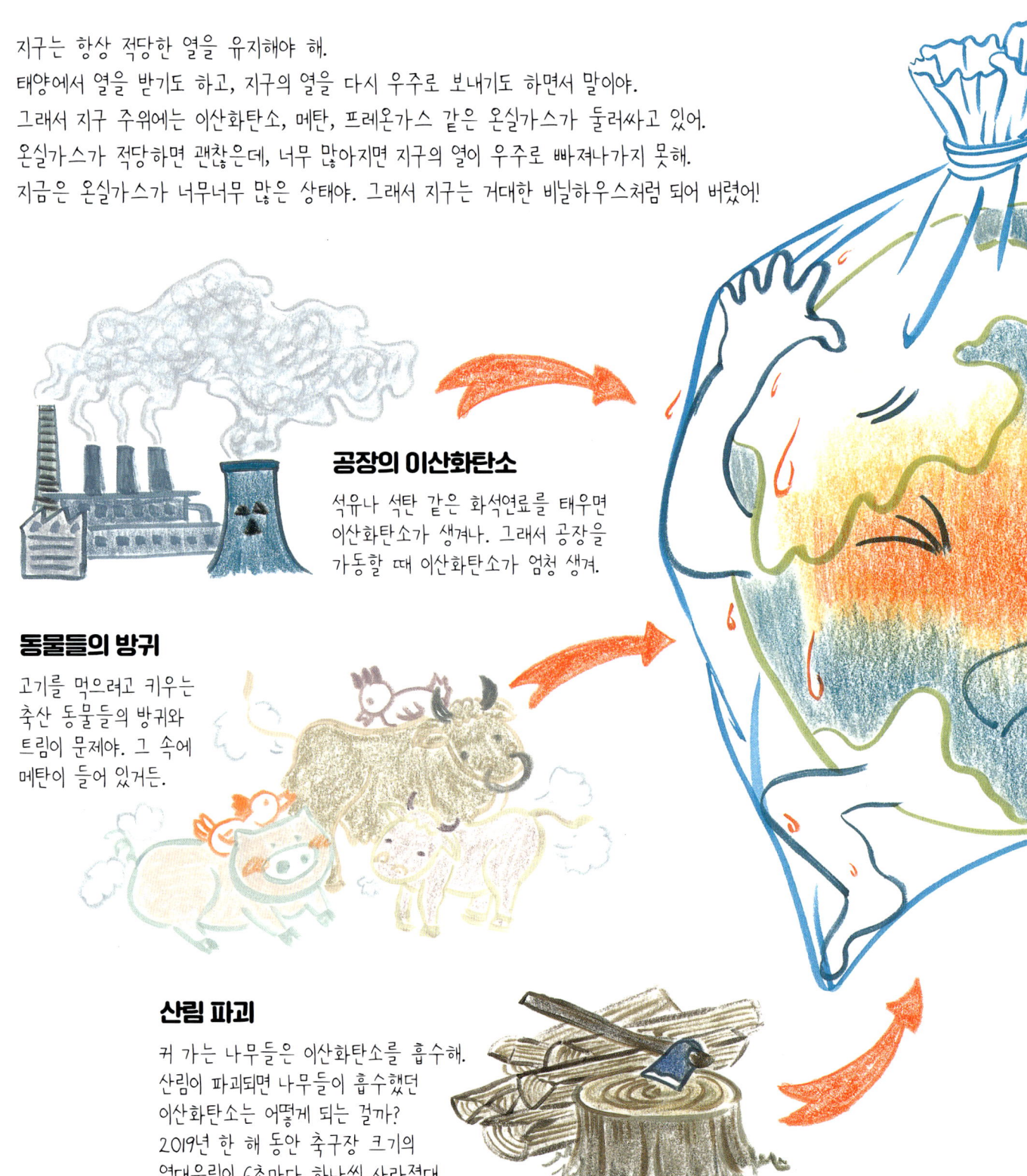

공장의 이산화탄소
석유나 석탄 같은 화석연료를 태우면 이산화탄소가 생겨나. 그래서 공장을 가동할 때 이산화탄소가 엄청 생겨.

동물들의 방귀
고기를 먹으려고 키우는 축산 동물들의 방귀와 트림이 문제야. 그 속에 메탄이 들어 있거든.

산림 파괴
커 가는 나무들은 이산화탄소를 흡수해. 산림이 파괴되면 나무들이 흡수했던 이산화탄소는 어떻게 되는 걸까?
2019년 한 해 동안 축구장 크기의 열대우림이 6초마다 하나씩 사라졌대.

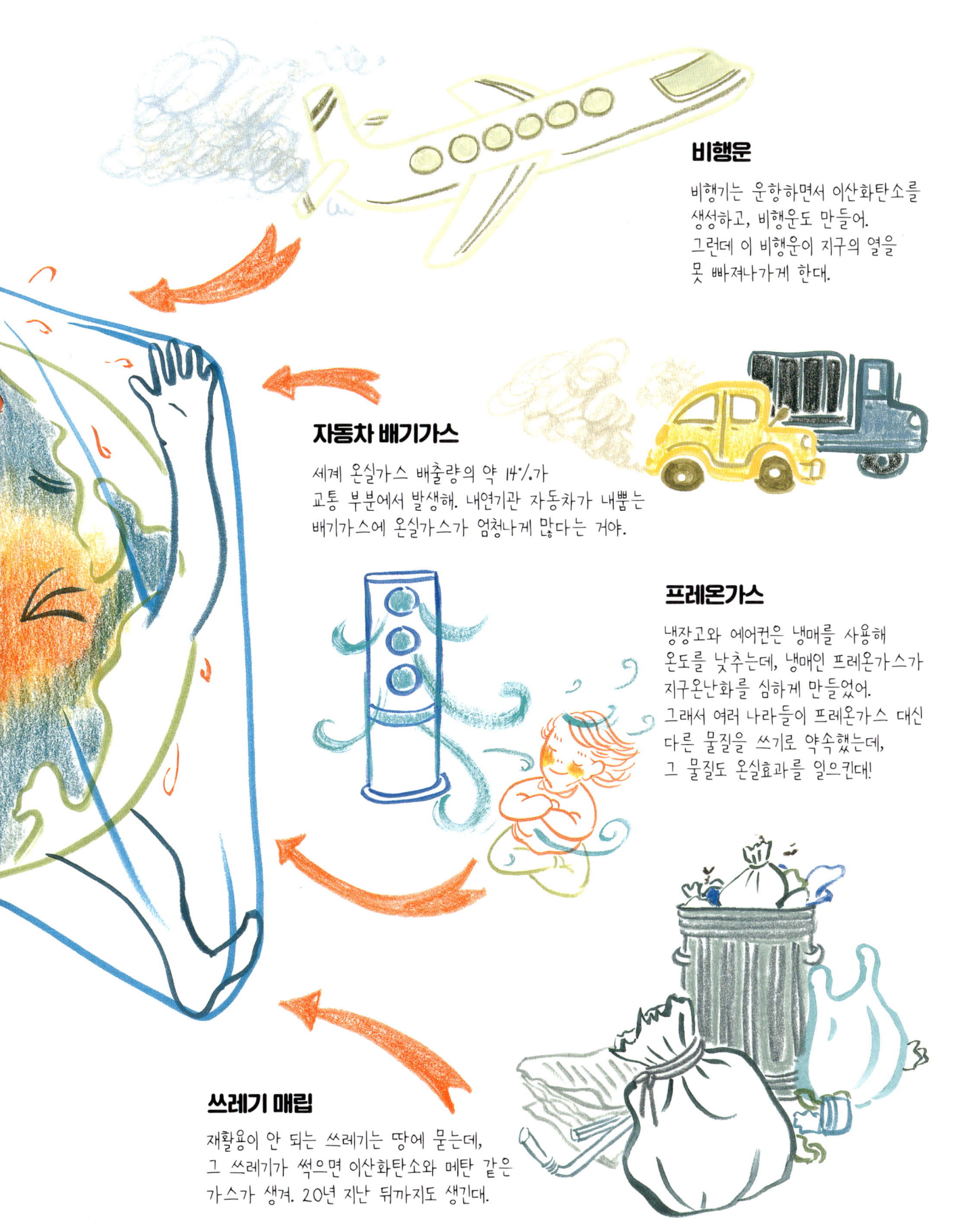

비행운
비행기는 운항하면서 이산화탄소를 생성하고, 비행운도 만들어. 그런데 이 비행운이 지구의 열을 못 빠져나가게 한대.

자동차 배기가스
세계 온실가스 배출량의 약 14%가 교통 부분에서 발생해. 내연기관 자동차가 내뿜는 배기가스에 온실가스가 엄청나게 많다는 거야.

프레온가스
냉장고와 에어컨은 냉매를 사용해 온도를 낮추는데, 냉매인 프레온가스가 지구온난화를 심하게 만들었어. 그래서 여러 나라들이 프레온가스 대신 다른 물질을 쓰기로 약속했는데, 그 물질도 온실효과를 일으킨대!

쓰레기 매립
재활용이 안 되는 쓰레기는 땅에 묻는데, 그 쓰레기가 썩으면 이산화탄소와 메탄 같은 가스가 생겨. 20년 지난 뒤까지도 생긴대.

지구온난화, 우리가 줄이자!

또 그림 그릴 땐 틀려도 끝까지 그리자. 조금만 쓰고 버리면 종이를 더 만들기 위해 나무를 베야 하잖아!

그런 의미에서 화분을 가꿔 볼래?

식물은 이산화탄소를 없애 주니까? 정말 좋은 생각이다!

개인 컵을 챙겨 다니면서 일회용 컵 대신 쓰자. 그런데 개인 컵을 자주 써야 해. 많이 쓰지 않으면 그것도 소용없거든.

슈퍼에 갈 땐 장바구니를 챙겨 가. 비닐봉지를 가급적 쓰지 않게 말이야.

우리가 생각했지만 너무 괜찮다!